Bibliografische Information der Deutschen Nationalbibliothek:

Die Deutsche Bibliothek verzeichnet diese Publikation in der Deutschen National-bibliografie; detaillierte bibliografische Daten sind im Internet über http://dnb.d-nb.de/ abrufbar.

Impressum:

Copyright © 2016 GRIN Verlag
Druck und Bindung: Books on Demand GmbH, Norderstedt Germany
ISBN: 9783346258144

Dieses Buch bei GRIN:

https://www.grin.com/document/926225

Anonym

Germanismen im Französischen Sprachkontakt zwischen Germanen und Galliern im Frühmittelalter. Der Einfluss germanischer Sprachen

GRIN Verlag

GRIN - Your knowledge has value

Der GRIN Verlag publiziert seit 1998 wissenschaftliche Arbeiten von Studenten, Hochschullehrern und anderen Akademikern als eBook und gedrucktes Buch. Die Verlagswebsite www.grin.com ist die ideale Plattform zur Veröffentlichung von Hausarbeiten, Abschlussarbeiten, wissenschaftlichen Aufsätzen, Dissertationen und Fachbüchern.

Besuchen Sie uns im Internet:

http://www.grin.com/

http://www.facebook.com/grincom

http://www.twitter.com/grin_com

Universität zu Köln
Philosophische Fakultät
Romanisches Seminar
Hausarbeit im Rahmen des Seminars „Romanische Etymologie"

Hausarbeit im Rahmen des Seminars „Romanische Etymologie "
Der Einfluss der germanischen Sprachen – Germanismen im Französischen
durch den Sprachkontakt zwischen Germanen und Galliern im Frühmittelalter.
Ursprung und heutiger Gebrauch.

Inhalt

Die Zeitungsartikel im Anhang wurden aus urheberrechtlichen Gründen durch das Lektorat gekürzt.

1 Thematische Einführung

Sprachkontakt findet überall auf dieser Welt statt. Dabei werden Wörter und Wortformen aus anderen Sprachen in eine andere übernommen, umgeformt und an das entsprechende Sprachsystem angeglichen. Fremdwörter bilden einen wichtigen Teil des französischen Wortschatzes. Durch sie erreicht die französische Sprache ihre Buntheit und Vielfalt. Manche Wörter werden nicht mehr wie Fremdwörter empfunden, weil sie schon in die Sprache „eingebürgert" wurden.

Die vorliegende Hausarbeit befasst sich mit dem Einfluss der Germanismen im Französischen, beeinflusst durch den Sprachkontakt zwischen Franken und Galliern in der späten Antike und dem frühen Mittelalter sowie dem heutigen Gebrauch. Wie viel Germanismus in der Französischen Sprache vorhanden ist, unterstreicht bereits der Name der Sprache und des Landes selbst - Eine Sprache und ein Name, der auf den westgermanischen Stamm, die Franken zurückgeht, die im 5. Jh. n. Chr. das Gebiet Galliens einnahmen.

Ziel der vorliegenden Hausarbeit ist es der Frage nachzugehen, ob und inwiefern die germanischen Sprachen, insbesondere das Fränkische, die Entwicklung der französischen Sprache beeinflusst und geprägt haben und wie viele Germanismen heute noch in der Französischen Sprache vertreten sind.
Die Hausarbeit ist in einen theoretischen und einen praktischen Teil unterteilt.
Zu Beginn werden die beiden wichtigsten Definitionen dieser Thematik für ein besseres Verständnis vorgestellt.
Sodann wird der deutsch – französische Sprachkontakt aus historischer Sicht dargestellt.
Anschließend wird der fränkische Einfluss auf das in Nordgallien gesprochene Latein, das Grundlage für das Französische war, erörtert.

Im letzten, meinem empirischen Teil, möchte ich die Wortherkunft ausgewählter Wörter erörtern und dabei den gegenwärtigen Bestand von Germanismen in der Alltagssprache anhand von Presseartikeln ermitteln, um mir anschließend die oben gestellte Frage, ob heute noch Germanismen in der Französischen Sprache vorhanden sind, beantworten zu können.
In dem praktischen Teil wurden zuerst die Methode der Untersuchung meine Vorgehensweise vorgestellt.

Die Ergebnisse meiner Untersuchung sind in einer Tabelle statistisch zusammengefasst und erläutert.

2 Germanismus

Im Folgenden soll auf die Definition des zentralen Begriffs der vorliegenden Hausarbeit, den Germanismus, eingegangen werden.

Die Definitionen des Begriffs Germanismus findet man in verschiedenen Fachwörterbüchern oder Enzyklopädien.

Hier sind einige gültige Definitionen, die mich persönlich am meisten überzeugt haben :

Im Duden wird der Germanismus beispielsweise als eine „Sprachliche Besonderheit des Deutschen" und eine „Entlehnung aus dem Deutschen in eine andere Sprache" beschrieben. (Duden 2007: 364)

Im Mayer's Lexikon vom Jahre 1926 hingegen wird angeführt, dass der Begriff des Germanismus aus dem Neulateinischen stammt und alle deutsche Spracheigentümlichkeiten, die in einer nichtgermanischen Sprache aufgenommen wurden umfasst. (Meyers Lexikon, 1926)

Der Brockhaus beschreibt den Germanismus als eine semantische, syntaktische oder idiomatische Eigenheit der deutschen Sprache, die in eine andere Sprache übernommen wird.(Brockhaus Bd. 8, 1997 S.408)

Zusammenfassend lässt sich sagen, dass es sich bei Germanismen also um jene Wörter handelt, die aus der deutschen Sprache in die jeweilige Fremdsprache übernommen wurden.

3 Deutsch-Französische Sprachkontakte aus historischer Sicht

Das häufige Auftreten von Entlehnungen in einer Sprache ist allgemein bekannt und weit verbreitet. Oftmals sind sich die Sprecher allerdings nicht bewusst, wie alt das Problem der Entlehnungen ist und welche Sprachen auf ihre Muttersprache eingewirkt haben.

Im Folgenden sollen die deutsch- französischen Sprachkontakte aus historischer Sicht zu einer Zeit, wo die beiden Sprachen noch nicht entwickelt und herausgebildet waren dargestellt werden. Daher bietet es sich hier eher an von den germanisch - romanischen Kontakten in Gallien zu sprechen. Die Einflüsse der germanischen Sprachen auf die heutige Französische Sprache liegen über Jahrhunderte zurück. Im vorliegenden folgt daher ein Überblick.

3.1 Überblick

Die französische Sprache stammt vom Vulgärlateinischen ab, das zur Zeit der römischen Vorherrschaft gesprochen wurde. Das in Nordgallien gesprochene Latein war letztendlich die

4

Grundlage des späteren Französisch.

Im Nachfolgenden soll ein kurzer Überblick gegeben werden, welche Zeitabschnitte in der Sprachforschung differenziert werden, in der Germanismen ins französische Sprachgut eingeflossen sind.

Im Handbuch werden 3 Zeitepochen differenziert, in denen das Germanische auf die Entwicklung und Herausbildung des Französischen nahm:

1. Der Beitrag des germanischen Superstrats – der fränkische Einfluss um 500 n.Chr.
2. Das Lehngut aus der Sprache deutscher Söldner im Dienste der französischen Könige ab dem 15. Jh.
3. Die wachsende Beeinflussung durch den deutschen Fachwortschatz seit dem 18 Jh. bis in die Neuzeit.

Geckler hingegen nennt 5 Transferwege, durch die germanische Wörter Eingang in die Französische Sprache gefunden haben:

1. Vor Völkerungswanderungszeit aufgrund von Kontakt zwischen Römern und Germanen (Kulturadstrat)
2. Wanderwörter, die in der Zeit der kulturellen Ausstrahlung des Karolingerreiches als „Wanderwörter" in die romanische Sprache gelangt sind
3. Einfluss des Fränkischen -Superstrateinfluss
4. „Spätere sekundäre Übernahmen von Wörtern germanischer Herkunft durch Entlehnung aus einer anderen romanischen Sprache (Kulturadstrat), z.B aus dem Italienischen, vgl. etwa banque (..)"
5. Entlehnungen aus dem heutigen Deutschen, allerdings nur in geringem Maße, wie beispielsweise „trinquer" oder „vasistas"

3.2 historischer Kontext

Im folgenden Abschnitt wird der historische Kontext, darunter einige der im Überblick genanten Zeitabschnitte, näher dargestellt.

Zum einen wird auf die vorrömische Zeit Bezug genommen und zum anderen auf die Völkerwanderung.

3.2.1 Gallien unter Kelten und Römern

Die sprachlichen germanischen Einwirkungen liegen über 2000 Jahre zurück und haben die Herausbildung und Entwicklung des Französischen geprägt. Die Eroberung Galliens durch die Römer erfolgte zweistufig.

Die erste Phase ist gekennzeichnet durch durch die Eroberung der Römer 125-121 v. Chr. der Gebiete der späteren Provincia Narbonensis sowie die siebzig Jahre spätere Unterwerfung Galliens durch Caesar.

Während dieser Zeit kam es zu einem Sprachkontakt zwischen Galliern und Römern, wodurch eine bilinguale Sprachsituation entstand und die vorlateinischen Sprachen Einfluss auf das dominierende Latein und das frühe Galloromanische hatten.

Substrateinfluss

Gallien war der Raum, den die Römern nannten, der überwiegend von Kelten besiedelt war. In den Jahren 58 - 51 v. Chr. wurde Gallien von Julius Caesar erobert. Aus antiken Karten und Schriften lässt sich schließen, dass in der Zeit zwischen dem 6. Jahrhundert v. Chr. und dem 5. Jahrhundert n. Chr. das Land der Kelten zwischen dem Rhein im Osten, den Alpen und dem Mittelmeer im Süden, den Pyrenäen und dem Atlantik im Westen und Norden damit gemeint war. Nach der Eroberung Galliens folgte die Romanisierung, in der eine römische Zivilverwaltung entstand. Als Amtssprache galt das so genannte Vulgärlatein, das als Sprachgrundlage für das spätere Französisch war. Mithin entstand eine gallisch-römische Kultur.

Daher wurden viele germanische Wörter schon vor der der Völkerwanderungszeit in die lateinische Sprache übernommen, als Folge eines sprachlichen und kulturellen Kontakts und Austausches zwischen Römern und Germanen, beispielsweise in Form von Handelsbeziehungen.

Dies hatte wiederum zur Folge, dass jene Germanismen Eingang in die späteren romanischen Sprachen, also auch das Französische, gefunden haben.

Daher lässt sich an dieser Stelle von einem Kulturadstrat sprechen.

Als Beispiel für Germanismen, die in dieser Zeit, Eingang in die lateinische Sprache (Geckler S.180) lässt sich l das aus der rekonstruierten germanischen Form *saipôn* (1) nennen, dass als *sapone (2)* ins Lateinische übernommen wurde.

In den heutigen romanischen Sprachen finden sich, wie beispielsweise im Französischen *savon (3)*, im Italienischen *sapone (4)* und im Spanischen *jabón(5)*

Beispiele:

(1) germ. *saipôn = Schmierseife zum Blondfärben der Haare

(2) vlat. Sapone

(3) frz. Savon

(4) ital. Sapone

(5) span. jabón

3.2.2 Völkerwanderung

Die Völkerwanderung, die am Ende des 4. Jahrhunderts einsetzte, hatte zur Folge, dass für Gallien eine Phase des Wohlstandes und Friedens als Teil des römischen Reiches beendet wurde. Somit brach das römische Reich durch die Völkerwanderung der germanischen Völkerschaften und die sich daran anknüpfenden germanischen Reichsgründungen zusammen. Die Germanen zu denen beispielsweise die Vandalen, Alemannen, Westgoten, Burgunder oder Franken zählen, drangen infolgedessen nach Gallien ein. Im 5. Jahrhundert etablierten die Franken, Burgunder und Westgoten ihre Reiche in Gallien. Infolgedessen begann sich eine Zweisprachigkeit (Lateinisch/ Germanisch) abzuzeichnen, die die im Entstehen befindliche Sprache Französisch beeinflussten. Es bestand eine Koexistenz verschiedener Ausprägungen des Lateins und der Sprache der germanischen Eroberer, namentlich den Westgoten, Burgunder, Alemannen oder Franken von denen die Franken den größtem Einfluss auf das Französische hatten. Die Westgoten besetzten den Süden Galliens um Toulouse, die Burgunder den östlichen Raum und die Franken haben sich im Norden niedergelassen. In der nördlichen Zone entwickelte sich das langue d'oil, in der Südhälfte das langue d'oc. Die germanischen Eroberer brachten ihre Sprache mit, allerdings fand durch den Machtwechsel in Gallien durch die Germanen kein Sprachwechsel statt, sodass die lateinische Sprache in den überwiegenden Gebieten nicht gefährdet war. Nur in den nördlichen und östlichen Randgebieten setzte sich das Germanische durch., was letzten Endes zur Folge hatte, dass das Lateinische durch das Germanische, vor allem das Fränkische beeinflusst wurde.

Hierbei handelt es sich um einen Fall des Superstrateinflusses.

4 Einfluss der Franken

Die Sprache der Eroberer, der Franken, kann heute in den Bereichen der Lexik, Morphologie, Syntax und Phonologie nachgewiesen werden.

Der Einfluss der Franken spielt eine bedeutende Rolle für die Entwicklung der französischen Sprache, denn der westgermanische Stamm prägte nicht nur den französischen Wortschatz entscheidend mit. Nicht zuletzt gilt daher das Französische eindeutig als einzige romanische Sprache mit den meisten germanischen Wörtern und auch jene mit einem germanischen Namen, Berschin, Felixberger, Goebl S.174

Im Folgenden wird daher der Einfluss der Franken, der unmittelbare Auswirkungen bei der Sprachherausbildung des Französischen hatte, behandelt.

Die Franken hatten im Gegensatz zu den Burgundern oder Westgoten einen intensiveren Einfluss auf das Französisch gehabt, da sie zum einen eine größere Bevölkerungszahl bildeten und zum anderen ihr Machtzentrum die Ile- de – France war. Im Gegensatz zu den anderen germanischen Völkerschaften konnten sich die Franken außerdem dauerhaft in Gallien niederlassen, wodurch die ein größeres Gebiet als beispielsweise die Westgoten oder die Burgunder, erobern konnten.

Die Expansion der Franken begann um 455 n. Chr. mit dem Einfall der Franken in Galloromania und bildete ihren Höhepunkt mit dem Sieg über eine römische Restprovinz im Jahre 486 n. Chr. durch Chlodwig I., wodurch sie das Gebiet Galliens eroberten.

Diese Einfälle hatten sehr große sprachliche Einflüsse auf das in Nordgallien gesprochene Latein, das Grundlage für das heutige Französisch war.

Die Franken übernahmen mithin die Oberherrschaft im Norden und hatten großen sprachlichen Einfluss auf das nördliche Galloromanische. Somit war der fränkische Einfluss nördlich intensiver als im Süden Galloromanias. Allerdings begannen sich im Laufe der Zeit, vorallem bei der Entfaltung Frankreichs, viele Wörter fränkischer Herkunft in ganz Gallien und darüber hinaus auch in Spanien oder Italien zu verbreiten.

Am stärksten sieht man den Einfluss der Franken am Ländernamen: Sie gaben zunächst dem Gebiet der Ile- de- France den Namen *Frantia, Frank(en)reich „doch hatte die politische Entwicklung die Ausweitung der Benennung auf den Nationalstaat zu Folge" Heinz Jürgen wofl Fr. Sprachgeschichte S.45*

Somit hat das Französische nach all dem Gesagten eine historisch enge Verbindung zum Germanischen .

4.1 Lautliche Beeinflussung

Die Franken nahmen Einfluss auf die Phonetik/Phonologie, insbesondere das konsonantische System, mit der Folge, dass zwei neue Konsonanten aufgenommen wurden: Zum einen das h-aspiré, das ein Merkmal fränkischer Superstratlexeme darstellt (Geckler S.182) und auf das germansiche Phon [h-] zurückzuführen ist und zum anderen das **bilabiale w– im Wortanlaut.**

Das h aspiré: h-, das in lateinischen Wörtern längst verstummt war, wurde in fränkischen Wörtern übernommen und behielt seine Aspiration in der Ile-de-France bis zu Beginn der Neuzeit.

Allerdings verhindert es die Elision ( ) als auch die Liason( ) beim Artikel (Wolf Französische Sprachgeschichte S.50), was bedeutet, dass die Vokalelision vor fränkischen Lehnwörtern, die mit dem französischen *h-aspiré* beginnen, wegfällt. Daher ist auch ein Unterschied zum h-muet lautlich festzustellen . (Wartburg 1971: 60)

() le hareng vs l'homme
()les harengs vs. Les hommes

Das fränkische wurde im Altfranzösischen bis zum 11. Jh zu gu adaptiert und dann in der modernen Gemeinsprache zu g vereinfacht: *wardon* - alfrz. *guarder*,
nfrz. *garder* oder fränkisch *Werra* > frz. *Guerre*

Weitere Beispiele sind:

() guérir
() garnir
() guetter
() guider

9

4.2 Einfluss auf den Wortschatz und die Wortbildung

Nach heutigem Forschungsstand ist der fränkische Einfluss offensichtlich.

Nach A.Stefenelli 1981:114 finden im Französischen ungefähr 200-300 Wörter fränkischer,also germanischer Herkunft.

Nach Felixberger (2003: 602) befinden sich unter Berücksichtigung der Dialekte über 700 Dialekte, in der Schriftsprache 200 bis 300, die fränkischer Herkunft sind.

Der Einfluss des Fränkischen erstreckte sich im Bereich der Lexik auf folgende Sachbereiche, die in den Bänden 15-17 des Französischen Etymologischen Wörterbuchs dargestellt sind.

Es werden ungefähr 725 altgermanische Etyma verzeichnet.

- Kriegswesen und Rittertum: *baron, gagner, guider, marcher, héraut, guerre*

- Rechtswesen: *gage, ban, saisir, garantir*

- Wald und Holz(-verarbeitung): *bois, fauteuil* (frk. *faldistol*)

- Handwerk: *salle, halle, loge, bâtir*

- Kleidung: *robe, froc, écharpe, feutre*

- Landwirtschaft: *blé, gerbe, fourrage*

- Pflanzenwelt: *hêtre, houx, saule, osier, cresson*

- Tierwelt: *héron, chouette, hanneton, frelon*

- Farben: *blanc* (frk.. *blank*), *bleu* (frk. *blao*), *brun, gris, blond* (germ. *blund*), *fauve*

- Körperteile: *échine, hanche*

So stammt das heutige französische Wort *guerre* vom fränkischen Wort werra oder b*lanc* von *blank, bleu* von *blao.*

Auch im Bereich der Wortbildung lässt sich ein germanischer Ursprung wiederfinden:

„Die frz. Suffixe -ard () und -aud() sowie das Präfix mé(s) () (..)" Geckler S. 182, haben Eingang in das Galloromanische gefunden.

() vieillard, grimaud

() salaud,

() méfait, mépris

An dieser Stelle ist im Bereich der Morphosyntax nennenswert, dass die Setzung der Subjektpersonalpronomina beim konjugierten Verb im Französischen durch das Germanische geprägt wurde. Dies sieht man daran, dass das Französische die einzige romanische Sprache ist, in der die Pronomen gesetzt werden müssen, daher gilt: *je dis* statt *dis* im Gegensatz zu *dici* im Italienischen, wenn kein nominales Subjekt vorhanden ist.

5 Empirischer Teil- Germanismen im heutigen Französisch? Eine kontrastive Untersuchung des Ursprungs von ausgewählten Wörtern in verschiedenen Zeitungsartikeln in der heutigen französischen Presse

Der folgende Textabschnitt bildet den zweiten wichtigen Teil dieser Hausarbeit. In meinem empirischen Teil möchte ich, wie oben in der Einleitung erwähnt, prüfen welcher Sprache das jeweilige Etymon zuzuordnen ist, um mir meine Leitfrage, ob heute (noch) Germanismen in der Französischen Sprache vorhanden sind, zu beantworten. Dabei lege ich Wert festzustellen, wie oft und an welchen Stellen im Text Germanismen vorkommen. Die Ergebnisse meiner Untersuchung wurden in einer Tabelle zusammengefasst.

Um die Analyse durchführen zu können, bin ich wie folgt vorgegangen. Zunächst habe ich mir beliebige Presseartikel aus den Zeitungen ausgesucht, die mich von meinen Interessen her angesprochen haben. Dabei habe ich darauf geachtet, dass die Presseartikel aus verschiedenen Themenbereichen, wie zum Beispiel Politik, Gesellschaft, Kultur, Sport, Mode oder Bildung stammen. Denn es war mir wichtig mich nicht auf einen Themenzweig von vornherein zu fixieren, sondern ein breites Spektrum an Fachvokabular in meine Studie einzubringen.

Sodann habe ich mir die Artikel ausführlich gelesen und stichprobenartig Wörter ausgewählt, die ich interessant und geeignet fand, um ihren Wortursprung zu ermitteln.

Bestimmte Kriterien, nach denen ich mir ein Wort ausgewählt hatte, hatte ich nicht. Jedoch habe ich mich bemüht solche Wörter zu nehmen, wo ich vermutet habe, dass sie einen anderen Ursprung haben, als den der lateinischen Sprache oder jene die „deutsch" klingen und in unserer deutschen Sprache heute vertreten sind, wie beispielsweise das Verb *konstruieren* im Französischen *construire*. In die Untersuchung habe ich Nomen, Verben und Adjektive einbezogen.

Um die Wortherkunft der ausgewählten Wörter herausfinden habe ich in französischen etymologische Wörterbüchern nachgeschlagen wie beispielsweise *Dictionnaire étymologique du français, Etymologisches Wörterbuch der französischen Sprache, Dictionnaire historique de la langue française* sowie im *französischen etymologischen Wörterbuch* von Wartburg.

Anschließend habe ich die nachfolgende Tabelle erstellt. In der ersten Spalte ist jeweils das zu untersuchende Wort aufgeführt. In den nebenstehenden Spalten steht jeweils die Herkunftssprache. Bei der Auswahl der Sprachen habe ich mich an den etymologischen Wörterbüchern orientiert, die diese Sprache nennen.

Zudem habe ich jeweils den Themen- und Sachbereich des Presseartikels, aus welchem ich das jeweilige Wort entnommen habe, aufgelistet.

Bei jedem Wort, das ich auf seinen Wortursprung und seine Herkunft untersucht habe, habe ich dann in der jeweiligen Zeile ein Kreuz gesetzt, um aufzuzeigen von welcher Sprache jenes Wort abstammt beziehungsweise welcher Herkunft es ist.

Daraufhin habe ich eine zweite Tabelle erstellt, in der das Ergebnis präsentiert wird. Anschließend habe ich den gegenwärtigen Bestand von Germanismen ermittelt. Das Ergebnis wird nachfolgend präsentiert.

5.1 Tabelle

Unter-suchungs-wort	Lat. Ursprung – klassisches Latein	Vulgär-latein	Griech.	Englisch	German-ischer Ursprung (zB. Fränkisch)	Gallorom anischer ursprung	Sonstiger Ursprung
Bereich							
Gesell-schaft:							
terrorisme	x						
haut	x				X (Kreuzung von lat.altus und mit fränkisch *hauch*) Etymolog-isches Wörter-buch der franzö-sischen Sprache)		
niveau	x						
institution	x						
symbole	x						
gagner					X (von fränkisch *waidanj an*, das zu *guadania*		

13

					re latinisiert wurde) Gamill scheg		
annuler	x						
Un risque						X (von It. *risco*, 16Jh.) Gamillsc heg	
conférenc e	x						
Bereich Bildung:							
excercice	x						
nazi							
Propa- gande	x						
Le sujet	x						
l'employé		x					
académie	x						
inspecteu r	x						
professeu r	x						
choquer				x			
Bereich Kultur:							
brume	x						
blanc						X (aus dem Fränkisch - en *blank*) Gamillsc heg	
danser						X (aus dem Fränkisch	

						- en *dansôn*)		
construire	x							
La guitare								X (Aus dem Spanischen von *guitarra*, dieses aus dem Arab-ischen *qīṭārah*) Gamilscheg
La percussion	x							
l'ouate								X Forschung geht aus-ein-ander laut Le Robert: möglicherweise aus dem It. *ovatta* Gamill-scheg: aus dem Arabisch-en
Bereich Sport:								
l'équipe						X (aus dem Angel-sächsischen *scipian*)		
le mètre	x							

15

la guerre						X (vom Fränkisch- en Wort *werra)*	
Le champion nat						X (Anmerk- ung: ist in der Sprach- forschung nicht belegt,ob aus dem Gallo- romanisc h-en entlehnt oder aus dem Fränkisch- en, vgl. Gamillsc heg S. 209)	x
concentre r	x						
Le problème	x						
L'inspirat -ion	x						
La preuve	x						
La nageuse	x						
Le moment	x						
Mode:							
La mode	x						
blonde						X (aus dem Fränkisch- en **blund)* Gamillsc	

						heg s.121		
Les sandales							x	
Le motif	x							
l'accessoire	x							
rouge	x							
Le style	x							
l'apparition	x							
La créatrice	x							
La robe						X		
Les vêtements	x							
Sport:								
La défense	x							
Le titulaire	x							
l'action	x							
Le gardien						X (Vom fränkisch-en Wort : *warding*) Gamillsc heg S.468		
Politik:								
l'attentat	x							
Le cérémonie	x							
Le bilan								X (vom it. Wort *bilancio*)
l'idée	x							
Le massacre	x							

Le président	x							
Le chef	x							

politique	x							
La provocati on	x							
Jugend:								
continuer	x							
l'activité	x							
dramatise r	x							
La disponi-b ilité	x							
le diplôme	x							
Les vacances								
Le rime						X (Abgeleit et von dem fränkisch-en Wort *rim* =Reihe) Gamillsc heg S. 773		
Internati onales:								
attaquer	x							
l'explosio n	x							
Le festival					X (vom Engl. von			

					festival, dieses wurde wiederum vom *lat.* Wort *festivus* entlehnt)		
Le soldat							X (aus dem Italienischen – it: *soldato*) Gamillscheg S.813
Psychiat-rique			x				
héberger					X (aus dem Fränkisch - en *heriberg on*)		
La fascinatio n	x						
asile	x						

Ergebnis (Die vorliegenden Prozentzahlen sind gerundet angegeben):

64 gesamt	52	1	1	1	13	2	5
Prozent-anteil:	81,00%	2%	2%	2%	20 %	3,00%	8,00%

5.2 Auswertung der Untersuchung

Meine Untersuchung, die anhand von elf aktuellen Presseartikeln und 62 untersuchten Wörtern erfolgt ist, hat wie folgt gezeigt, dass Germanismen in der heutigen französischen Sprache durchaus vorkommen. Meine Leitfrage, ob es Germanismen in der Alltagssprache gibt, lässt sich somit positiv beantworten.

Allerdings machen Germanismen, basierend auf meiner Untersuchung, nur 20 % des französischen

Wortschatzes aus. Wie man der oben liegenden Ergebnistabelle entnehmen kann, sind 81 % der untersuchten Wörter auf die lateinische Sprache zurückzuführen und finden ihren Ursprung dort. Darüber hinaus gibt es kein Themen- oder Fachbereich, wo Germanismen dominieren. Sie sind, wie man der obigen Tabelle entnehmen kann, in jedem Bereich, sei es Kultur, Bildung oder Sport, aufzufinden. Ein bestimmter Gebrauch in einem bestimmten Kontext lässt sich entnehmen.

Zudem hat meine Untersuchung gezeigt, dass es Wörter gibt, wo die Forschung über die Wortherkunft auseinander geht und zu unterschiedlichen Ansichten gelangt, da Etyma unbekannt oder noch unsicher sind.

Als Fazit dieser Analyse kann ich sagen sagen, dass der Ursprung der französischen Wörter nicht zu 100% in der lateinischen Sprache liegt, was viele jedoch annehmen oder behaupten.

Abschließend möchte ich anmerken, dass diese Untersuchung und der sich daraus ergebende Prozentanteil nicht abschließend sind. Durchaus kann es sein, dass es Fachtexte gibt, in denen die Prozentzahlen variieren können, mit der Folge, dass weniger oder mehr Germanismen vorhanden sind als in meiner Untersuchung.

6 Abschließende Bemerkung und Ausblick

Ziel der vorliegenden Hausarbeit war es den beiden Fragen nachzugehen, ob und inwiefern die germanischen Sprachen, insbesondere das Fränkische, die Entwicklung der französischen Sprache beeinflusst und geprägt haben und wie viele Germanismen heute noch in der Französischen Sprache vertreten sind.

Dabei hat sich ergeben, dass bei der Herausbildung der französischen Sprache die Franken eine bedeutende Rolle gespielt haben und bis heute Spuren im französischen Wortschatz hinterlassen haben.

Allerdings musste festgestellt werden, dass der Anteil der heutigen Germanismen nur bei 20 % liegt. Nichtsdestotrotz haben die Franken einen entscheidenden Beitrag zur Entwicklung der französischen Sprache geliefert - Sei es die lautliche Beeinflussung, die Einwirkung auf den Wortschatz und die Wortbildung oder einfach nur der Name Frankreich.

Nun wäre es interessant sich den umgekehrten Fall zu erörtern und zu untersuchen, wie die Französische Sprache die Deutsche beeinflusst hat und ob und wie häufig sich französische Wörter in deutscher Sprache wiederfinden lassen.

7 Literaturverzeichnis

7.1 Primärliteratur

Le Monde

http://www.lemonde.fr/police-justice/article/2016/08/06/terrorisme-l-inquietude-s-installe-a-son-plus-haut-niveau_4979117_1653578.html

http://www.lemonde.fr/musiques/article/2016/08/06/cecile-corbel-la-femme-renarde-a-la-harpe_4979174_1654986.html#ExpqzH8d2YlJ1Md7.99

letzter Zugriff: 8.08.2016

l'express

http://www.lexpress.fr/education/bordeaux-un-exercice-proposait-aux-collegiens-d-ecrire-un-discours-nazi_1815099.html

http://www.lexpress.fr/actualite/sport/natation/jo-2016-refugiee-syrienne-a-lesbos-yusra-mardini-replonge-a-rio_1819183.html

letzter Zugriff: 9.08.2016

Le Gala

http://www.gala.fr/mode/les_stars_et_la_mode/margot_robbie_les_rayures_du_style_370427

http://www.gala.fr/mode/les_stars_et_la_mode/le_kate_effect_fait_le_jeu_des_createurs_de_mode_369929

Letzter Zugriff : 8.08.2016

Le sport

http://www.sports.fr/football/divers/articles/le-barca-ridiculise-par-liverpool-1570385/

Le Parisien:

http://www.leparisien.fr/faits-divers/attentat-de-nice-francois-hollande-veut-une-ceremonie-pour-les-victimes-06-08-2016-6020027.php

http://www.leparisien.fr/politique/sarkozy-n-en-a-jamais-fume-mais-n-est-pas-contre-les-petards-06-08-2016-6019589.php

http://etudiant.aujourdhui.fr/etudiant/info/doit-on-continuer-a-chercher-un-emploi-pendant-l-ete.html

Letzter Zugriff: 9.08.2016

Le figaro

http://www.lefigaro.fr/international/2016/07/25/01003-20160725ARTFIG00266-allemagne-quatre-attaques-en-une-semaine-dont-deux-revendiquees-par-daech.php

Letzter Zugriff: 8.08.2016

7.2 Sekundärliteratur:

Berschin, H., Felixberger, J., Goebl, H (2008) : Französische Sprachgeschichte. Hildesheim, Zürich, New York: Georg OLMS Verlag.

Gabriel, C / Meisenburg, T. (2007) : Romanische Sprachwissenschaft. Paderborn: Fink.

Gamillscheg, Ernst (1934-1936). Romania Germanica. Sprach- und Siedlungsgeschichte der Germanen auf dem Boden des alten Römerreichs. 2 Bde. Berlin: De Gruyter.

Geckeler, H. / Dietrich, W. (2003) : Einführung in die französische Sprachwissenschaft: ein Lehr- und Arbeitsbuch, Berlin: Schmidt - Verlag.

Geckeler, H. / Dietrich, W. (2007) : Einführung in die französische Sprachwissenschaft. Berlin: Schmidt - Verlag.

Klare, Johannes (2011) :Französische Sprachgeschichte. Stuttgart: Klett

Sokol, Monika. 2007. Französische Sprachwissenschaft. Ein Arbeitsbuch mit thematischem Reader. Tübingen: Narr.
Stein, Achim (2005): Einführung in die französische Sprachwissenschaft, Stuttgart/Weimar:Metzler.

Stein, Achim (2010) : Einführung in die französische Sprachwissenschaft. Stuttgart : Metzler.

Wolf, Heinz Jürgen (1979) : Französische Sprachgeschichte. Heidelberg : Quelle & Meyer.

7.3 Nachschlagewerke:

Brockhaus (1997) : Enzyklopädie in vierundzwanzig Bänden. Band 8. Mannheim : Brockhaus-GmbH.

Kolboom, Ingo/ Kotschi, Thomas/ Reichel, Edward (2008). Handbuch Französisch : Sprache – Literatur – Kultur – Gesellschaft. Berlin: Erich Schmidt - Verlag

MEYERS Lexikon(1926) : Siebte Auflage, Viertes Band. Leipzig: Bibliografisches Institut.

7.4 Verwende Webseiten:

Französische Sprache. Einfluss der germanischen Sprachen

http://www.weikopf.de/index.php?article_id=117

Letzter Zugriff: 3.08.2016

Germanismus

http://www.duden.de/rechtschreibung/Germanismus

Letzter Zugriff: 8.08.2016

7.5 Verwende Wörterbücher:

Kunkel-Razum, K. / Duden, K. (2007) : Duden. Deutsches Universalwörterbuch. Mannheim : Dudenverlag

Gamillscheg, E. (1969) : Etymologisches Wörterbuch der französischen Sprache. Heidelberg : Winter

Picoche, J. (2009): Dictionnaire étymologique du français. Paris: Le Robert

Rey, A. (1992) : Dictionnaire historique de la langue français. Paris : Le Robert.

Wartburg, Walther von (1928) : Französisches etymologisches Wörterbuch. Eine Darstellung des galloromanischen Sprachschatzes. Bd.15-17,

Bonn: Klopp / Basel: Zbinden.

8. Anhang

Im Folgenden sind die Presseartikel, die ich im Rahmen meiner empirischen Untersuchung verwendet habe, aufgelistet. Die untersuchten Wörter sind unterstrichen.

1) Bereich Gesellschaft:

Terrorisme: l'inquiétude s'installe à son plus haut niveau

C'est une institution vieille de plusieurs siècles, un symbole de fête (…). (…) et du terrain qu'elle a gagné. (…) qui se tient chaque année à Lille le premier week-end de septembre, a été annulée. (…) qui se trouve contrainte de céder devant le risque terroriste.
Lors d'une conférence de presse, (…)

Artikel aus *Le monde* vom 6.08.2016
http://www.lemonde.fr/police-justice/article/2016/08/06/terrorisme-l-inquietude-s-installe-a-son-plus-haut-niveau_4979117_1653578.html

2) Bereich Bildung:

Bordeaux: un exercice proposait aux collégiens d'écrire un discours nazi

(…) proposait aux collégiens d'écrire un discours pour le compte du ministre de la Propagande nazie, (…). Un sujet d'histoire mis à la disposition des professeurs de l'académie de Bordeaux proposait (…). (…), puis dans celle d'un employé du Reich chargé par le ministre de la propagande nazie d'écrire (…).
"Les élèves ne sont pas livrés à eux-mêmes"
(…), a reconnu l'inspecteur d'académie Michel Roques, inspecteur pédagogique régional en histoire-géographie.
(…)
(…) c'est pour cela qu'il "a pu ne pas paraître particulièrement choquant à la personne qui l'a validé" sur le site de l'académie, a-t-il ajouté.

Artikel vom 22.07.2016 erschienen im *l'express*
http://www.lexpress.fr/education/bordeaux-un-exercice-proposait-aux-collegiens-d-ecrire-un-discours-nazi_1815099.html

24

3) Bereich Kultur:

Cécile Corbel, la femme renarde à la harpe

La brume blanc et gris et noir remonte de la mer, la bruine mouille les quais de Bénodet et le suroît fait danser la Saint-Guy aux mâts qui s'entrechoquent. Dans la petite église Saint-Thomas-Becket, construite au XIIe siècle dans ce Finistère de pêcheurs, (…).

(…)

Et ses doigts de glisser sur les trente-quatre cordes de cristal de sa harpe celtique, accompagnée d'une guitare et de savantes percussions.

(…). Des spectacles à la ouate.

(…)

Artikel vom 6.08.2016 erschienen in *le monde*

http://www.lemonde.fr/musiques/article/2016/08/06/cecile-corbel-la-femme-renarde-a-la-harpe_4979174_1654986.html#ExpqzH8d2YlJ1Md7.99

4) Bereich Sport:

NATATION. La jeune femme est la première de l'équipe des réfugiés à entrer en lice. Elle dispute les séries du 100 mètres papillon, (…).

(…)

Une chance exceptionnelle, alors qu'elle a quitté la Syrie en août 2015 pour fuir la guerre.

(…)

Une détermination à toute épreuve

(…), elle participait aux championnats du monde de natation organisés en Turquie. (…) espoirs de la natation syrienne avant que la guerre n'éclate. (…)

Celle qui s'entraînait sept fois par semaine à Damas malgré la guerre nage trois heures chaque matin en Allemagne, (…). "Elle est très concentrée, sait se fixer des objectifs et organiser sa vie autour. (…)

"Quand vous avez un problème dans la vie, (…). C'est pour ça que je suis là, je veux donner de l'inspiration aux gens. Je suis ici, c'est la preuve (…)."

(…)

Artikel aus *l'express* vom 6.08.2016

http://www.lexpress.fr/actualite/sport/natation/jo-2016-refugiee-syrienne-a-lesbos-yusra-mardini-replonge-a-rio_1819183.html

5) Bereich Mode:

Margot Robbie, les rayures du style

(…).

Elle est la sensatin du moment. (…) qu'elle sait y faire avec la mode comme devant la caméra.

(…), la sulfureuse blonde s'est rendue lundi 1 août habillée d'une tenue signée Rosetta Getty, jeune créatrice basée à Los Angeles. La formule fonctionnait: ensemble bi-colore, un top à manche évasée et d'une jupe en haut avec des sandales à talons hauts raccords. Pas d'accessoires, un bon choix vu le motif imposant des pièces.

Le cheveu blond doré et la bouche d'un rouge profond, (…)

Artikel aus der *Gala* vom 6.08.2016

http://www.gala.fr/mode/les_stars_et_la_mode/margot_robbie_les_rayures_du_style_370427

6) Bereich Mode:

Le «Kate effect» fait le jeu des créateurs de mode

Kate Middleton a su conquérir son public grâce à son style. Si bien que ses apparitions entraînent une forte montée des ventes des créateurs qu'elle porte (…).

(…)

Ses apparitions font décoller les ventes des vêtements qu'elle porte. (…)

Un article du site britannique relate en fait l'expérience de Cécile Reinaud, créatrice de tenues de maternité sous la marque Séraphine, (…).

(…) La jeune maman portait alors une robe fuchsia froncée en forme de nœud à la poitrine.

(…)

Artikel aus der französischen *Gala* vom 26 Juli 2016

http://www.gala.fr/mode/les_stars_et_la_mode/le_kate_effect_fait_le_jeu_des_createurs_de_mode_369929

7) Bereich Sport:

Le Barça ridiculisé par Liverpool

La <u>défense</u> du FC Barcelone a pris l'eau contre Liverpool, (…).

(…)

Jérémy Mathieu était aussi <u>titulaire</u> dans une <u>défense</u> blaugrana qui a pris l'eau d'<u>entrée</u>, sur une magnifique <u>action</u> collective conclue dans la surface par Sadio Mané (1-0, 15e (…).

Artikel aus der *sport* vom 6.08.2016

http://www.sports.fr/football/divers/articles/le-barca-ridiculise-par-liverpool-1570385/

8) Bereich Politik:

<u>Attentat</u> de Nice : François Hollande veut une <u>cérémonie</u> pour les victimes
(…) - dont le <u>bilan</u> s'est alourdi ces derniers jours en atteignant 85 morts (…), on croyait qu'aucune <u>cérémonie</u> d'hommage ne pourrait être <u>organisée</u>. L'<u>idée</u> semblait avoir été un peu honteusement abandonnée, (…). Sans compter que, sur le <u>plan</u> pratique, (…).

(…), une <u>cérémonie</u> s'impose néanmoins, même s'il n'ignore pas les difficultés, (…)-
Artikel aus *le Parisien* vom 6.08.2016

http://www.leparisien.fr/faits-divers/attentat-de-nice-francois-hollande-veut-une-ceremonie-pour-les-victimes-06-08-2016-6020027.php

9) Bereich Politik:

(…)

En revanche, sur la question «êtes-vous plutôt Ricard ou pétard»,l'ancien <u>président</u> confie qu'il (…)

(…) Il n'est pas courant qu'un ancien <u>chef</u> d'Etat dise ne pas être contre le cannabis.

(…)

«Comme vous voyez je vais assez loin dans la <u>provocation</u>, (…)».

(…) Enfin, il évoque les assises de l'UDR *(ndlr: précédent du RPR)* en juin 1975 comme son premier souvenir <u>politique</u>. (…)

Artikel aus *le parisien* vom 6.08.2016

http://www.leparisien.fr/politique/sarkozy-n-en-a-jamais-fume-mais-n-est-pas-contre-les-petards-06-08-2016-6019589.php

10) Bereich Jugend:

Doit-on continuer à chercher un emploi pendant l'été ?

(…)

« L'été, l'activité est réduite. (…)

Concrètement, tout dépend du projet professionnel et aussi de la zone territoriale concernée. (…)

Quand été rime avec CDD

(...) « L'été, il y a du turnover, des imprévus. C'est un bon moment pour passer une tête dans l'entreprise et afficher sa disponibilité », (…).

Ne dramatisons pas : (…)

« J'ai plutôt tendance à déstresser mes jeunes diplômés ! »

(…) « L'idéal est d'avoir son CV sur une clé USB, même quand on part en vacances, tout en se créant des alertes mails », (…)

Artikel erschienen in *le parsien* am 6.06.2016

http://etudiant.aujourdhui.fr/etudiant/info/doit-on-continuer-a-chercher-un-emploi-pendant-l-ete.html

11) Bereich Internationales:

Allemagne: quatre attaques en une semaine, dont deux revendiquées par Daech

(…)

Une explosion faisant un mort et quinze blessés, devant l'entrée d'un festival de musique, (…).

L'auteur de l'attaque, un demandeur d'asile syrien de 27 ans, s'était vu refuser l'entrée du festival Ansbach Open, juste avant de se faire exploser. (…)

Dès lundi, l'enquête a pu établir que cet attentat-suicide avait des motivations djihadistes. L'auteur de l'attaque a également évoqué (…).

Des premières informations avaient indiqué que ce Syrien, hébergé dans un foyer de réfugiés à Ansbach (…) et séjourné dans une clinique psychiatrique. (…), il avait fait une demande d'asile qui

(...).

Artikel ist am 21.07.2016 in *le figaro* erschienen

http://www.lefigaro.fr/international/2016/07/25/01003-20160725ARTFIG00266-allemagne-quatre-attaques-en-une-semaine-dont-deux-revendiquees-par-daech.php

BEI GRIN MACHT SICH IHR WISSEN BEZAHLT

- Wir veröffentlichen Ihre Hausarbeit, Bachelor- und Masterarbeit

- Ihr eigenes eBook und Buch - weltweit in allen wichtigen Shops

- Verdienen Sie an jedem Verkauf

Jetzt bei www.GRIN.com hochladen und kostenlos publizieren